Aa Bb Cc Dd Ee Ff Gg Hh Ii Jj Kk Ll Mm Nn Oo Pp Qq Rr Ss Tt Uu Vv Ww Xx Yy Zz

a

a a a a

a a a a

a a a a a a

CURSIVE HANDWRITING PRACTICE BOOK FOR KIDS

Letters

a a a a a a

Words

Apple Apple Apple

Sentences

Preschool is a lot of fun.

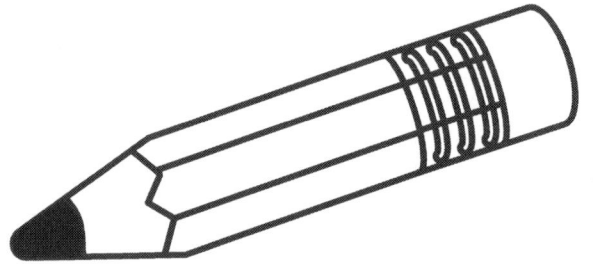

STEP 1
Practice writing each letter of the alphabet.

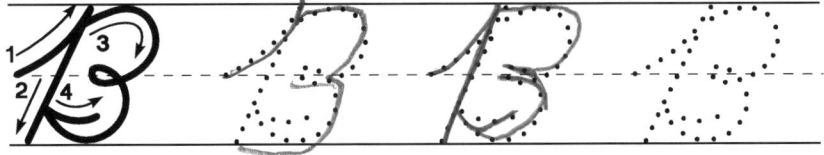

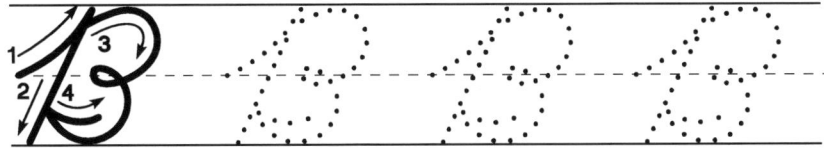

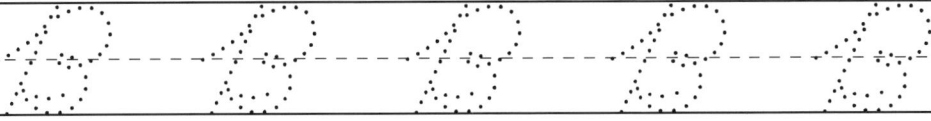

Aa Bb Cc Dd Ee Ff Gg Hh Ii Jj Kk Ll Mm Nn Oo Pp Qq Rr Ss Tt Uu Vv Ww Xx Yy Zz

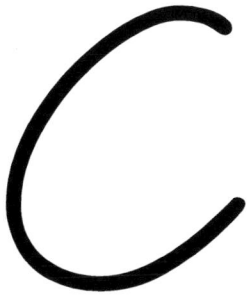

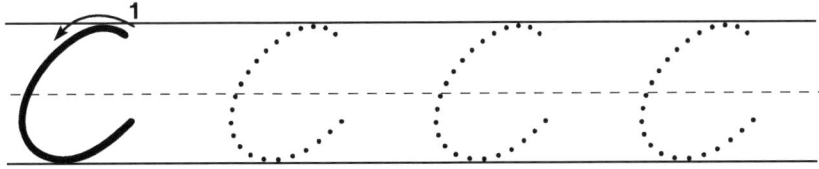

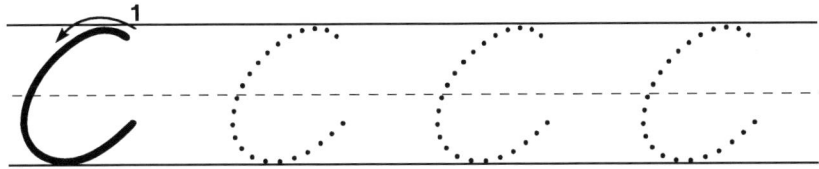

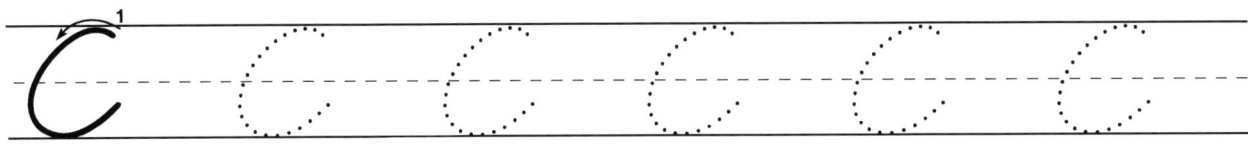

C

C

Aa Bb Cc Dd Ee Ff Gg Hh Ii Jj Kk Ll Mm Nn Oo Pp Qq Rr Ss Tt Uu Vv Ww Xx Yy Zz

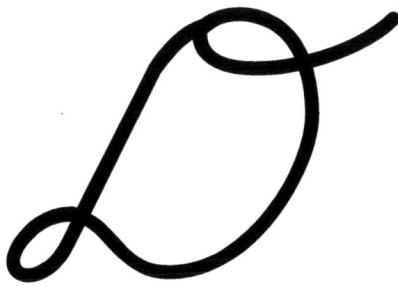

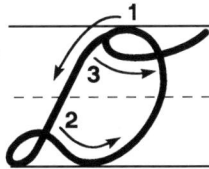

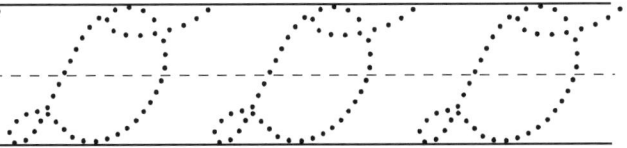

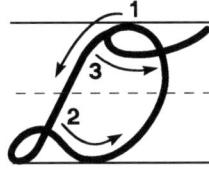

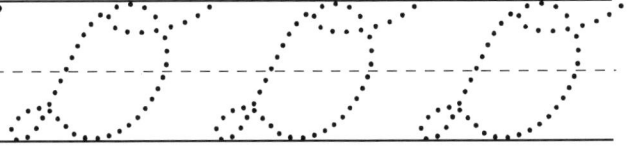

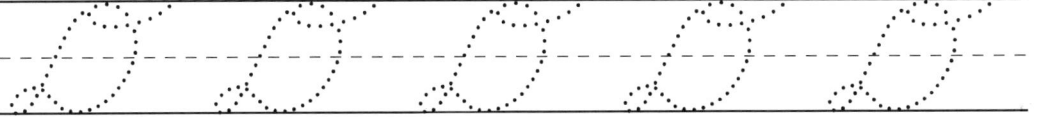

d

Aa Bb Cc Dd Ee Ff Gg Hh Ii Jj Kk Ll Mm Nn Oo Pp Qq Rr Ss Tt Uu Vv Ww Xx Yy Zz

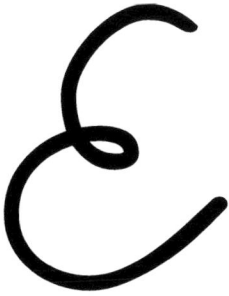

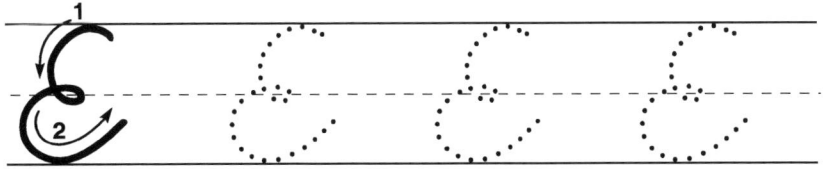

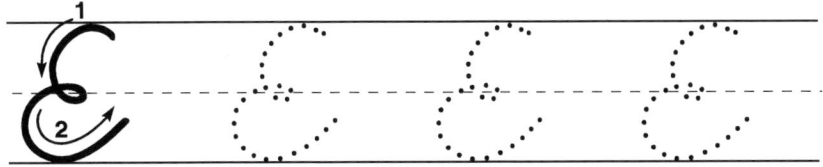

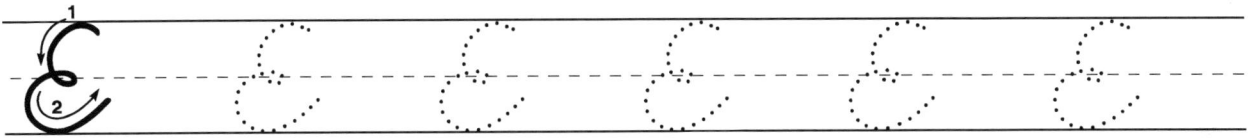

e

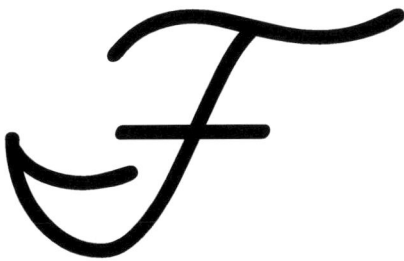
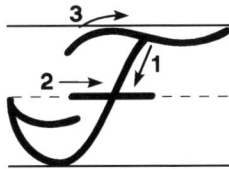
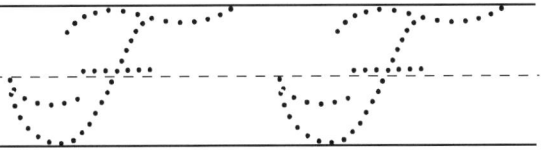
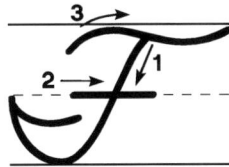
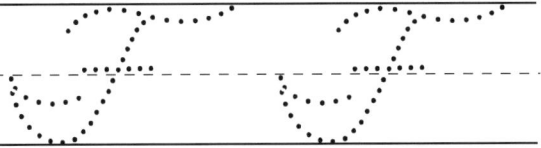
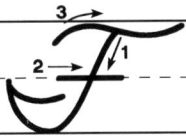
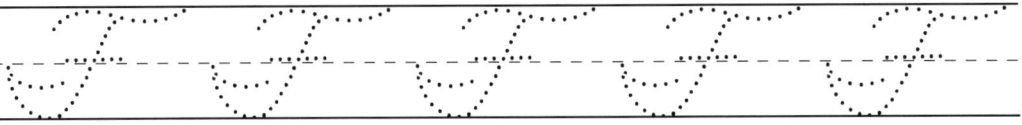

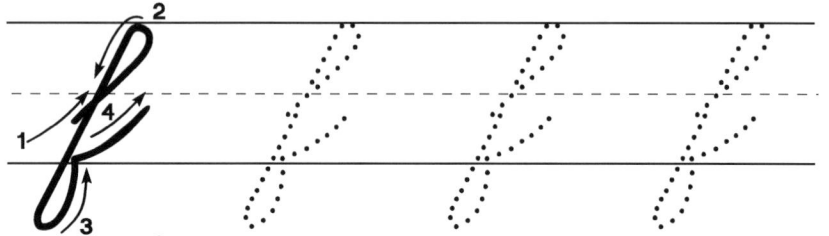

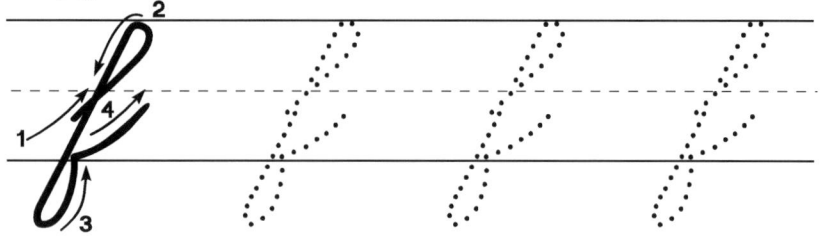

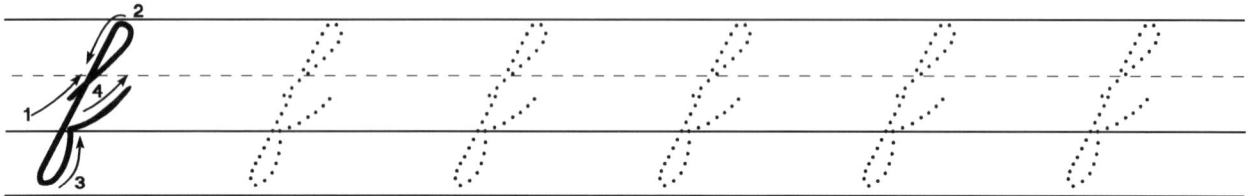

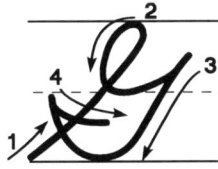
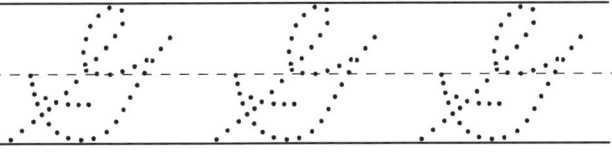
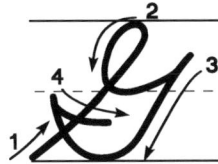
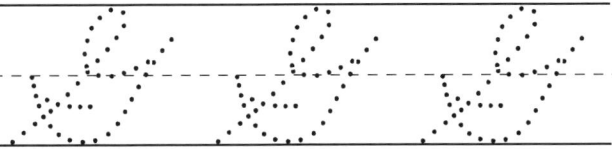

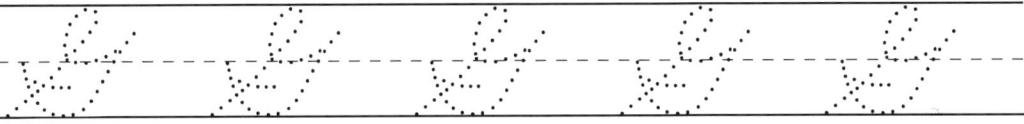

Aa Bb Cc Dd Ee Ff Gg Hh Ii Jj Kk Ll Mm Nn Oo Pp Qq Rr Ss Tt Uu Vv Ww Xx Yy Zz

g

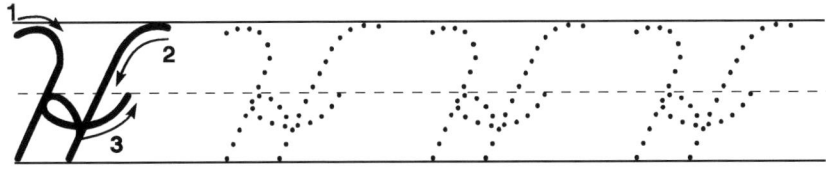

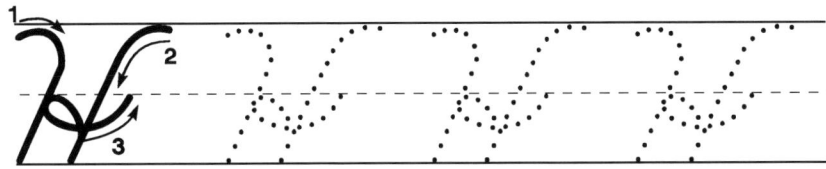

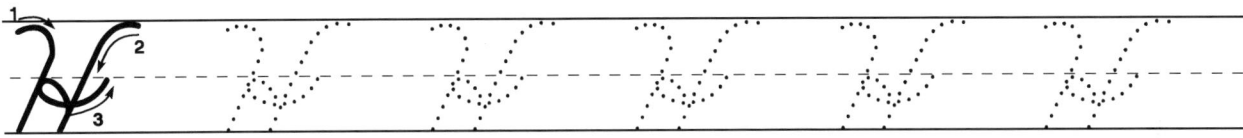

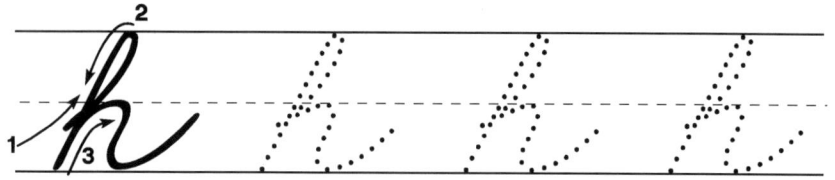

Aa Bb Cc Dd Ee Ff Gg Hh Ii Jj Kk Ll Mm Nn Oo Pp Qq Rr Ss Tt Uu Vv Ww Xx Yy Zz

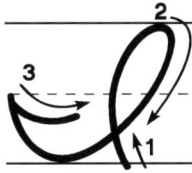

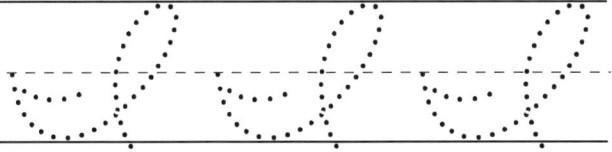

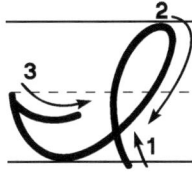

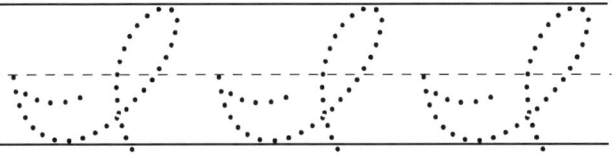

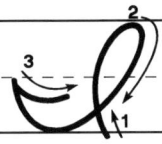

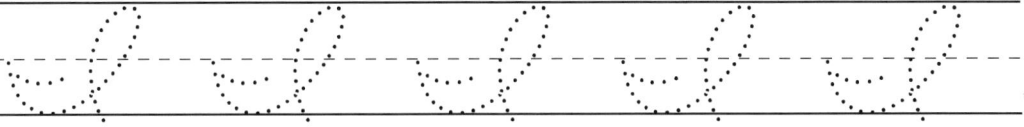

i

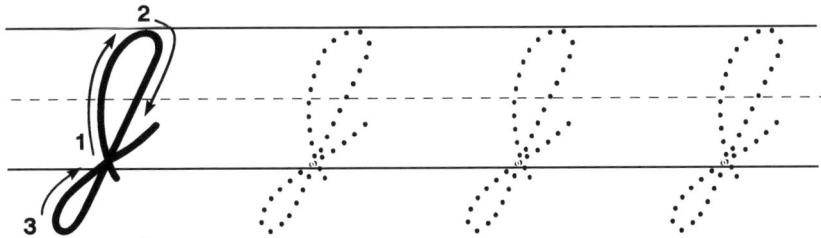

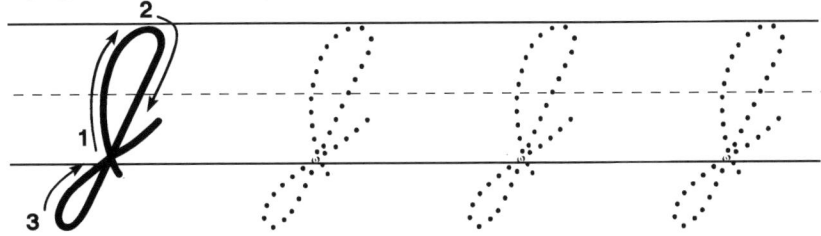

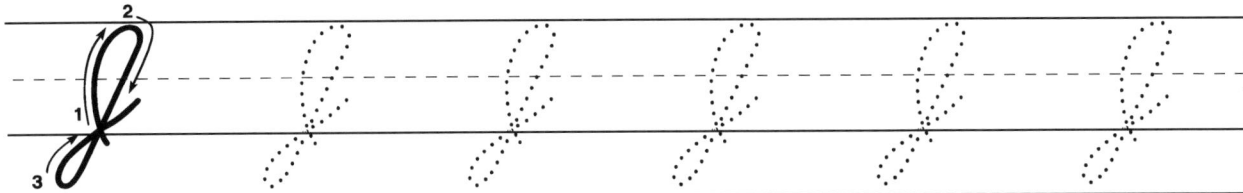

j

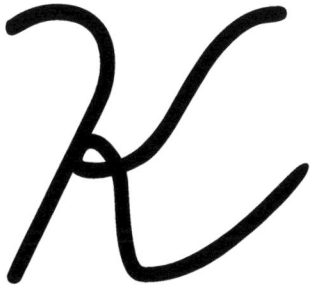
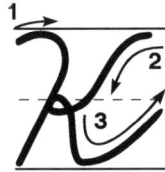
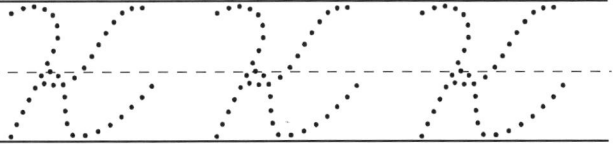
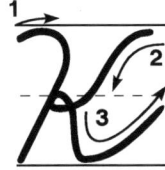
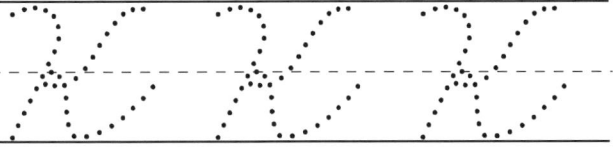
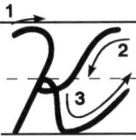
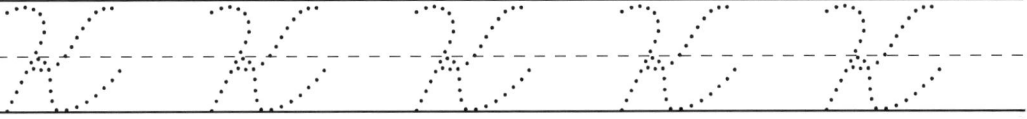

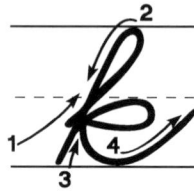 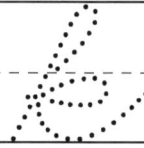 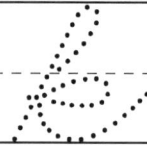 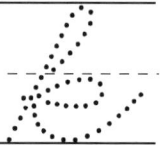

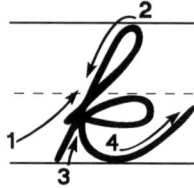 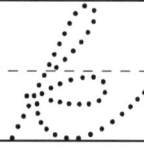 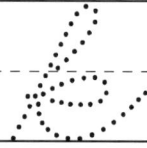 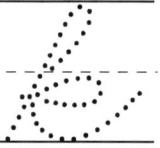

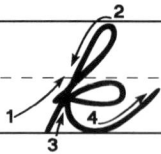

Aa Bb Cc Dd Ee Ff Gg Hh Ii Jj Kk Ll Mm Nn Oo Pp Qq Rr Ss Tt Uu Vv Ww Xx Yy Zz

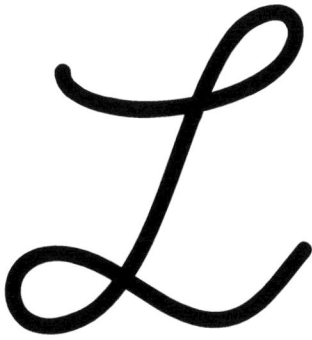

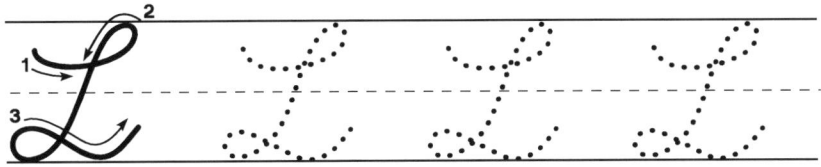

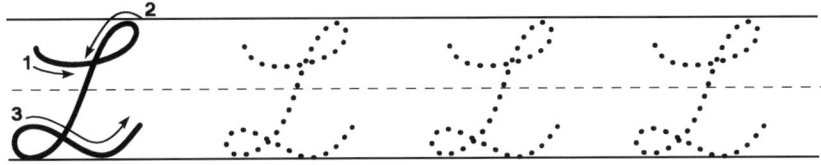

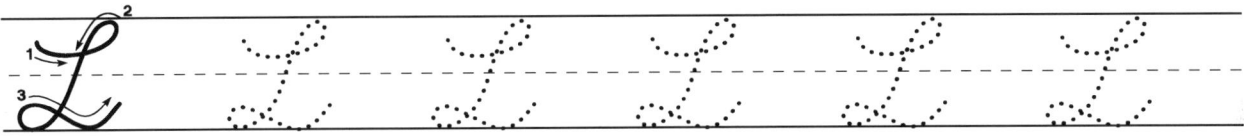

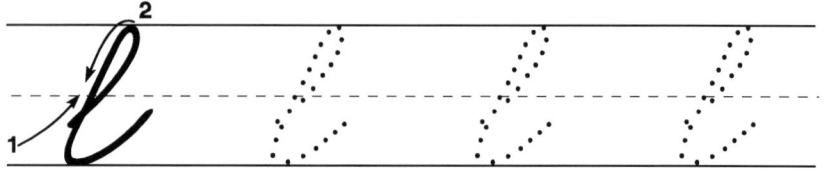

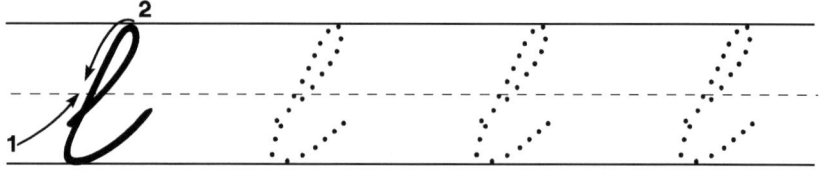

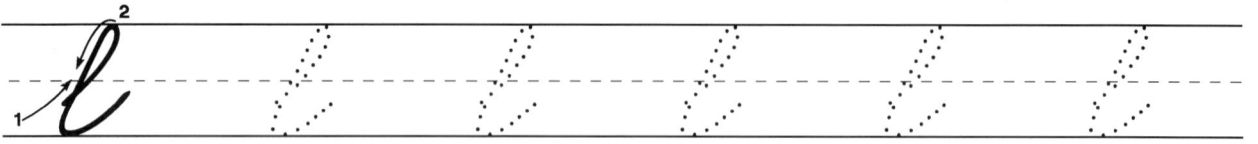

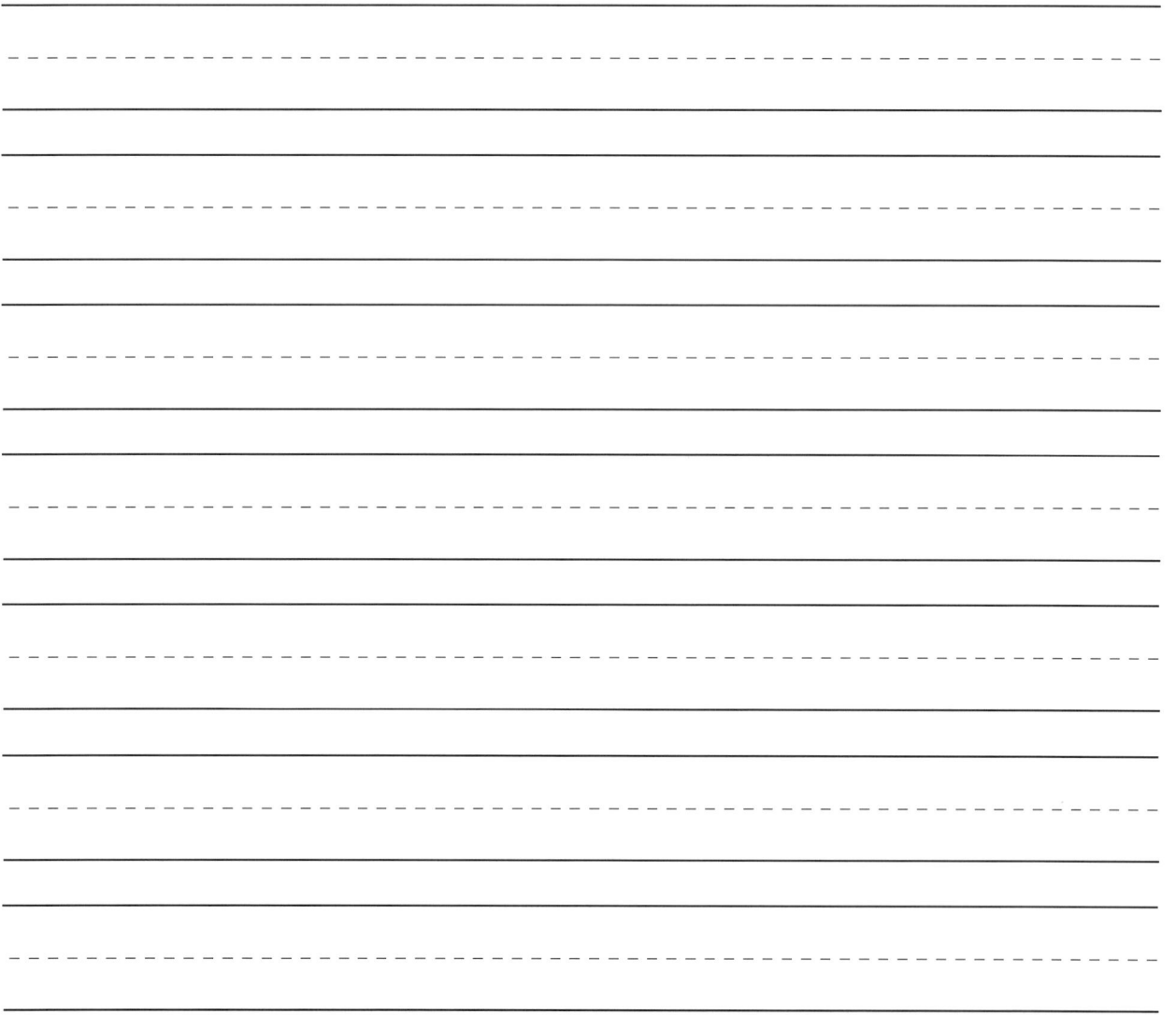

m

n

Aa Bb Cc Dd Ee Ff Gg Hh Ii Jj Kk Ll Mm Nn Oo Pp Qq Rr Ss Tt Uu Vv Ww Xx Yy Zz

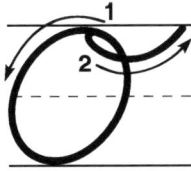
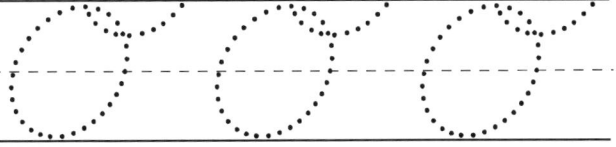
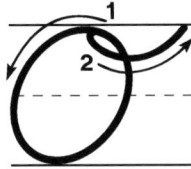
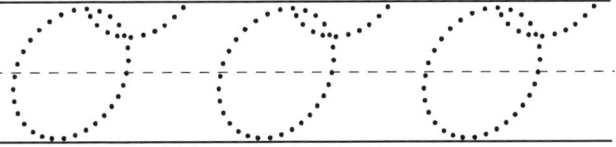
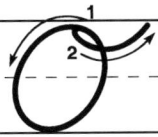
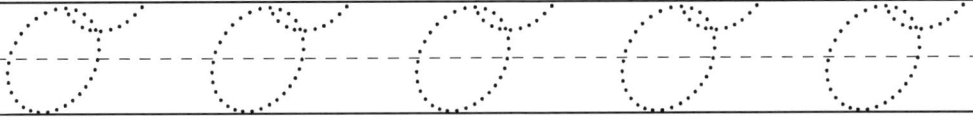

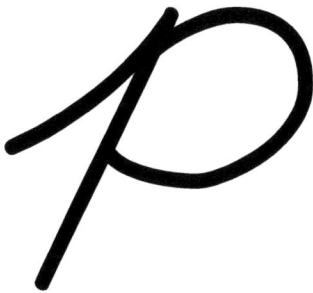

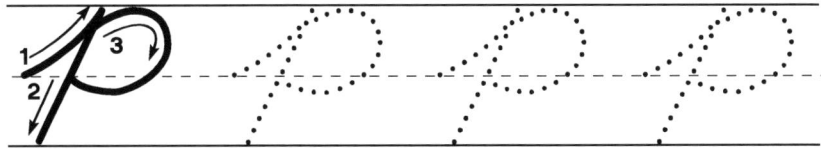

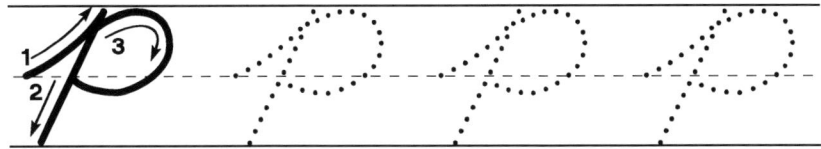

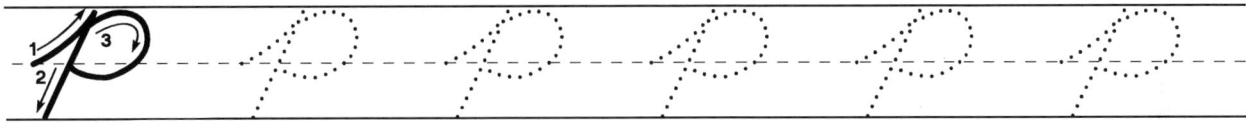

Aa Bb Cc Dd Ee Ff Gg Hh Ii Jj Kk Ll Mm Nn Oo Pp Qq Rr Ss Tt Uu Vv Ww Xx Yy Zz

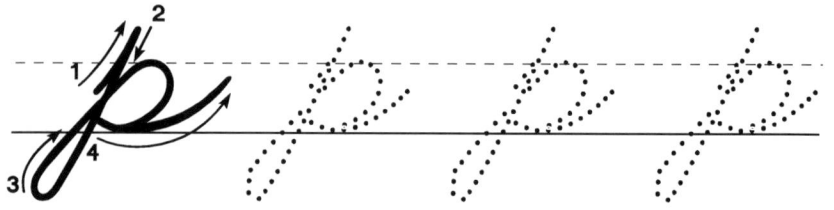

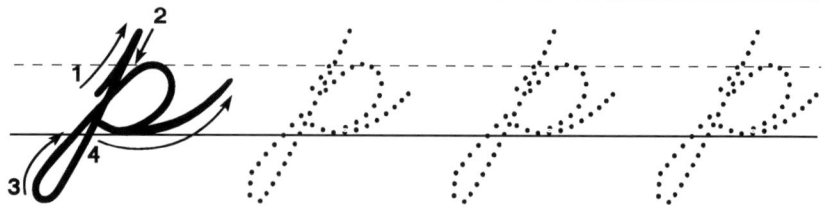

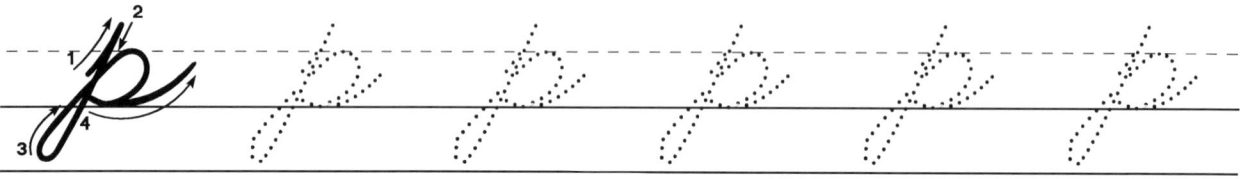

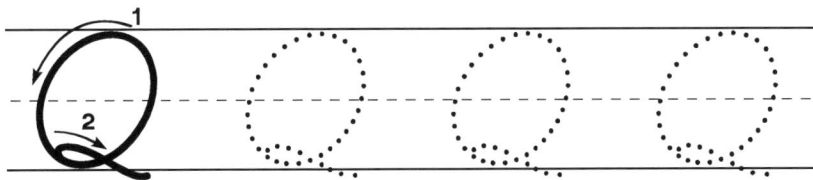

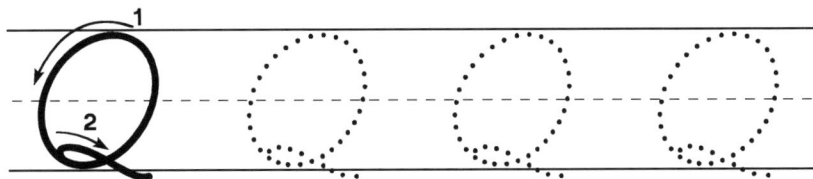

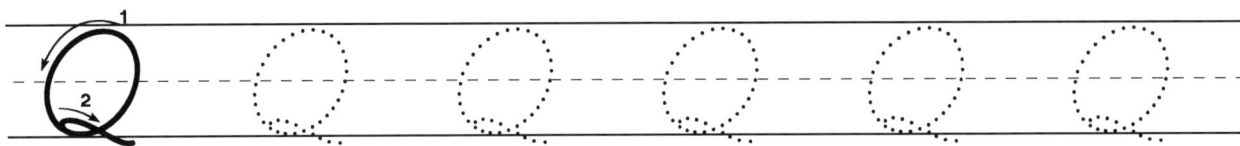

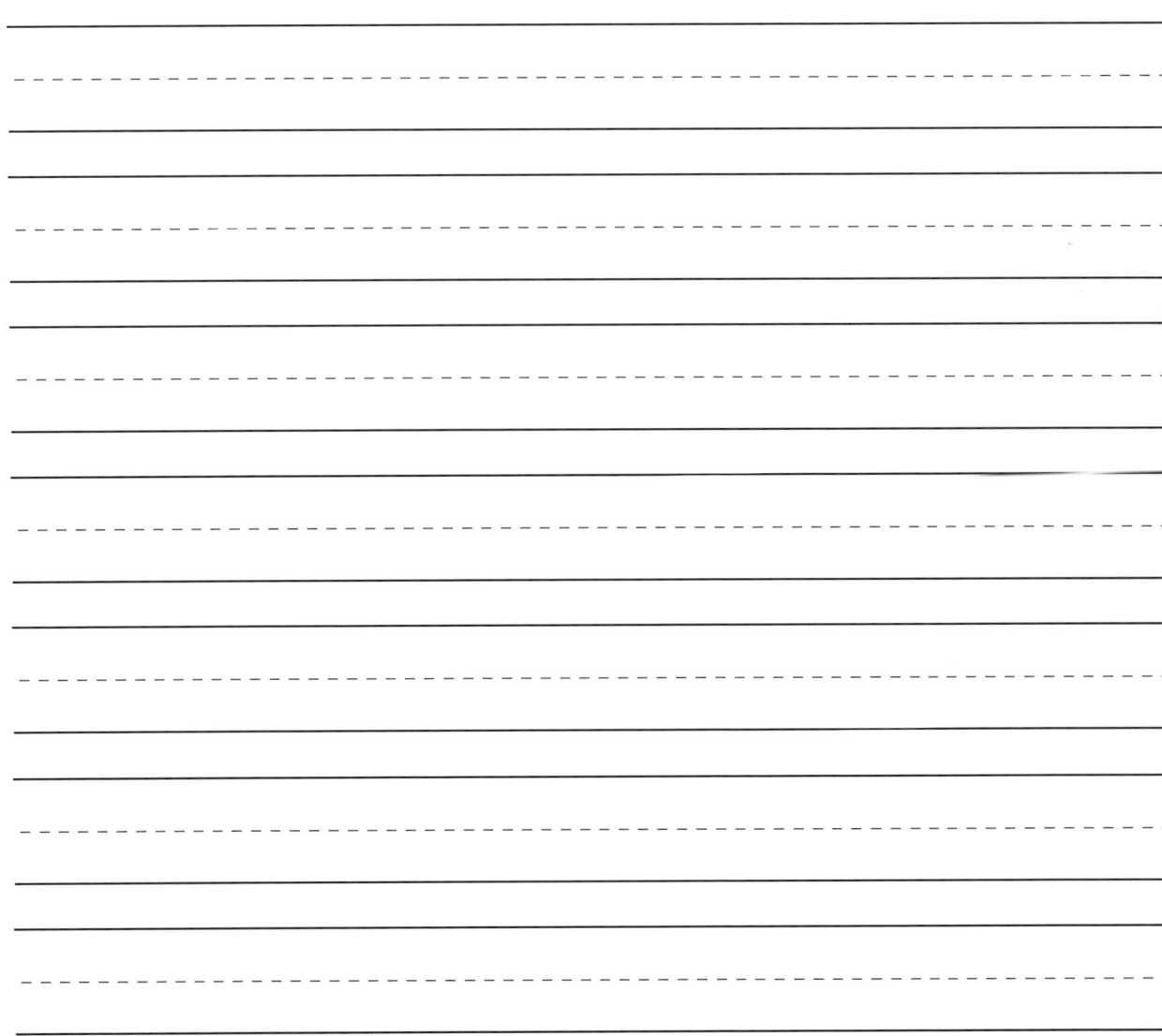

Aa Bb Cc Dd Ee Ff Gg Hh Ii Jj Kk Ll Mm Nn Oo Pp Qq Rr Ss Tt Uu Vv Ww Xx Yy Zz

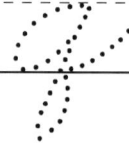

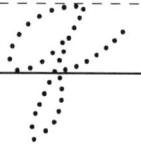

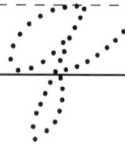

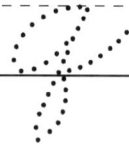

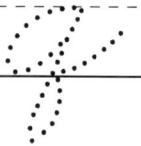

q

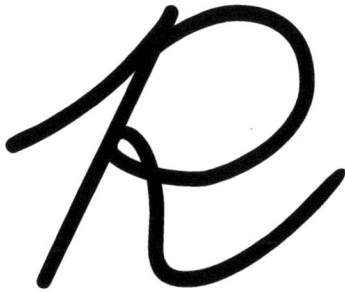

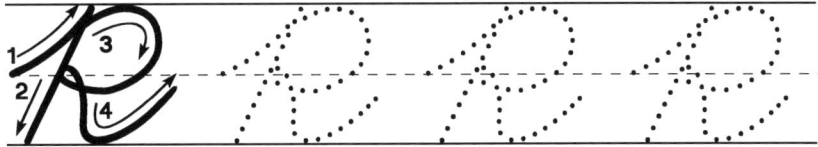

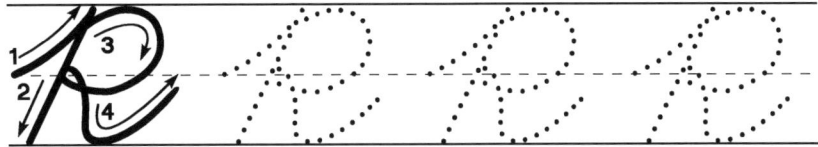

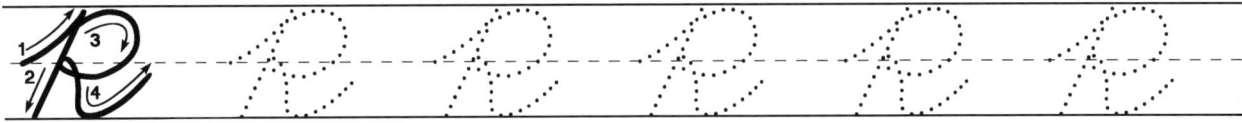

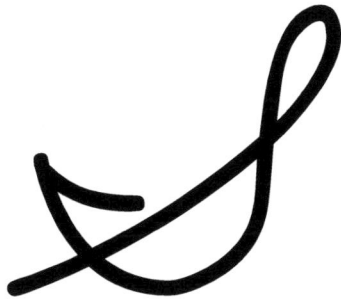

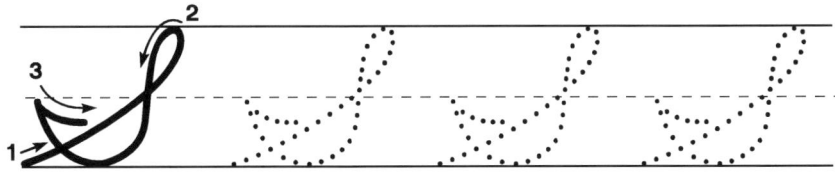

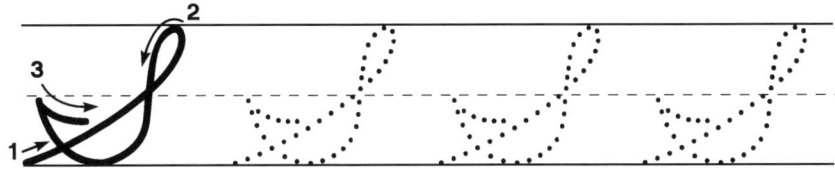

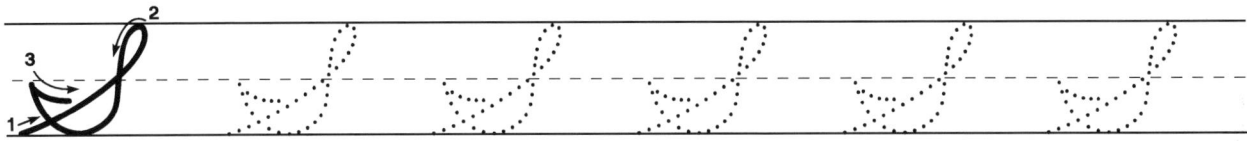

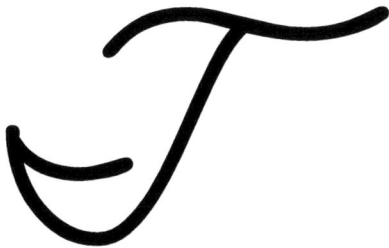

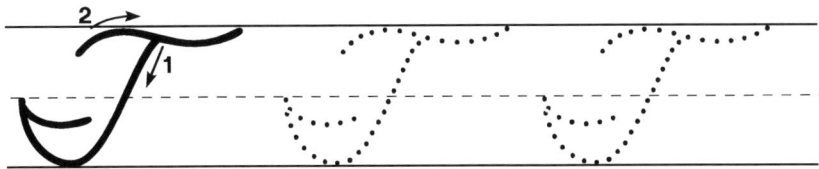

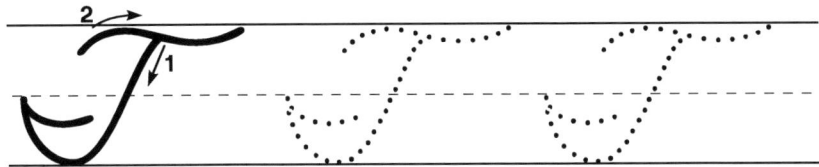

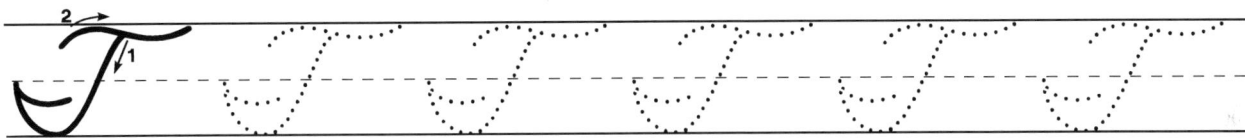

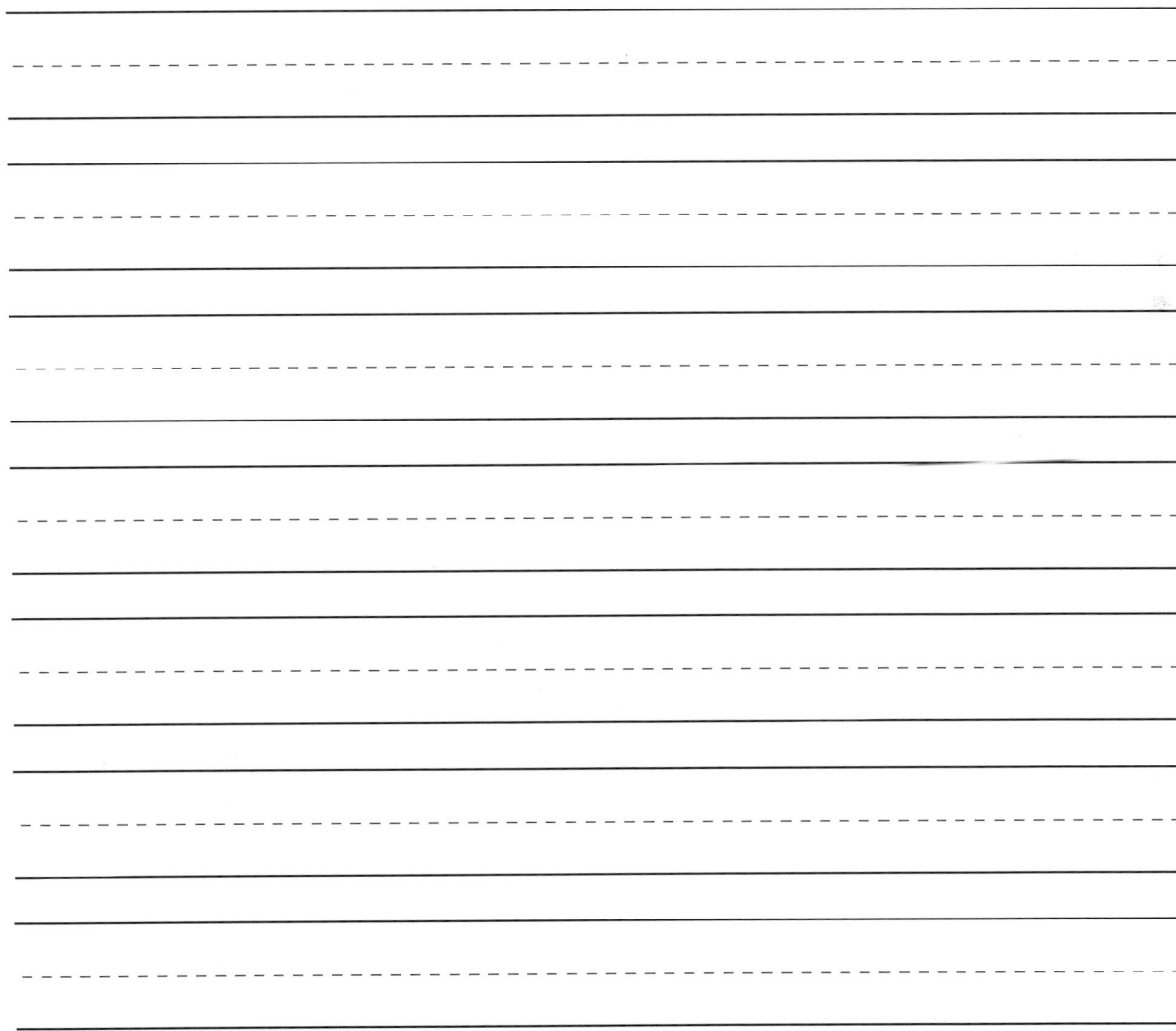

t

t   *t*   *t*   *t*

t   *t*   *t*   *t*

t   *t*   *t*   *t*   *t*   *t*

U

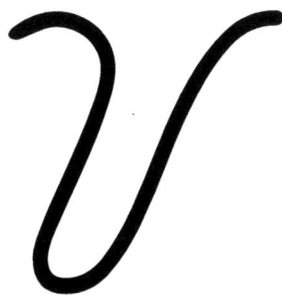

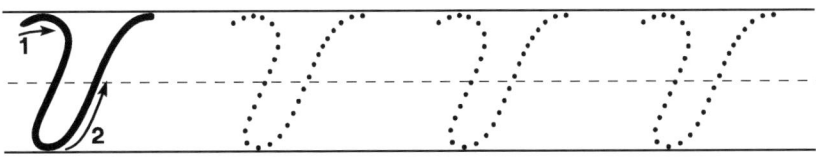

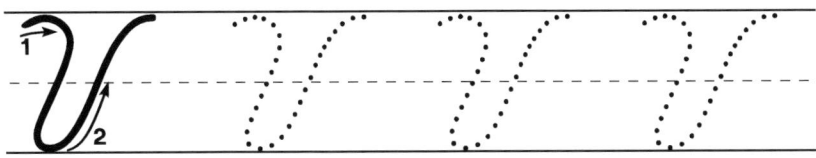

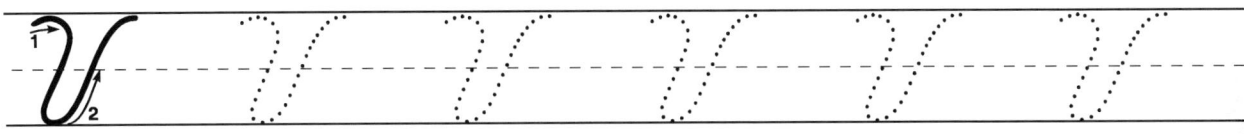

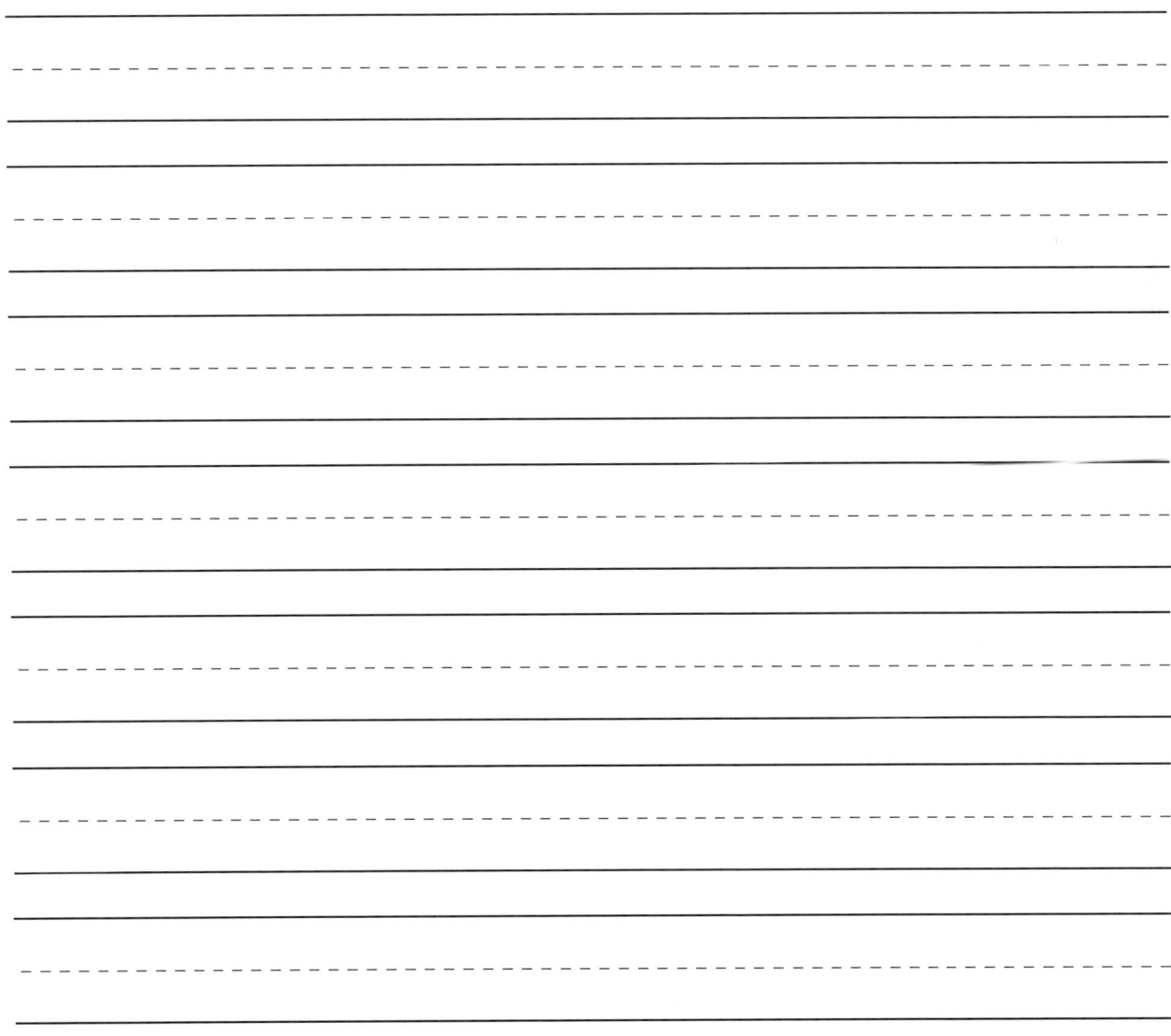

$\mathcal{W}$

Aa Bb Cc Dd Ee Ff Gg Hh Ii Jj Kk Ll Mm Nn Oo Pp Qq Rr Ss Tt Uu Vv Ww Xx Yy Zz

x

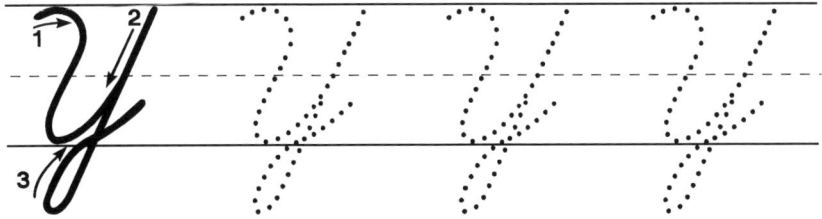

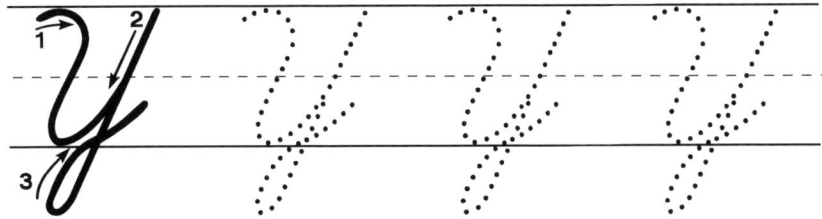

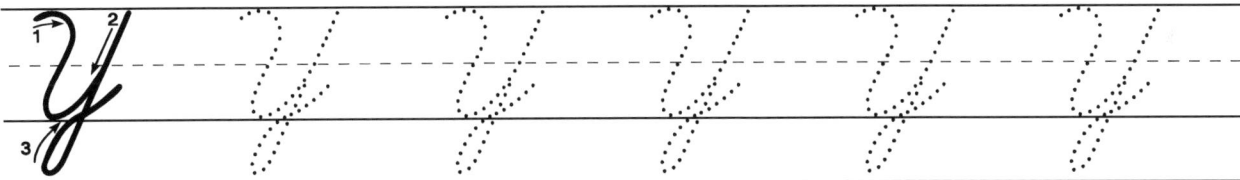

Y

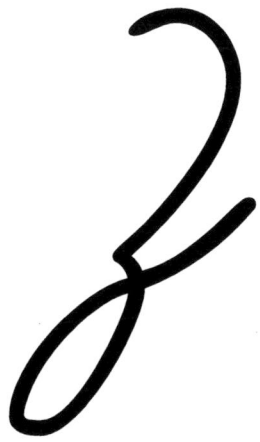

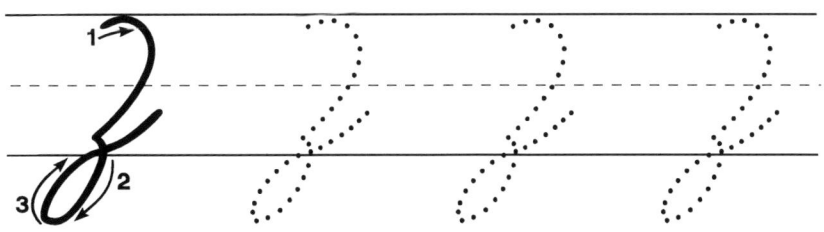

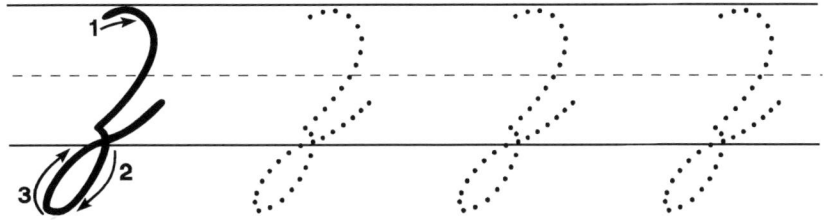

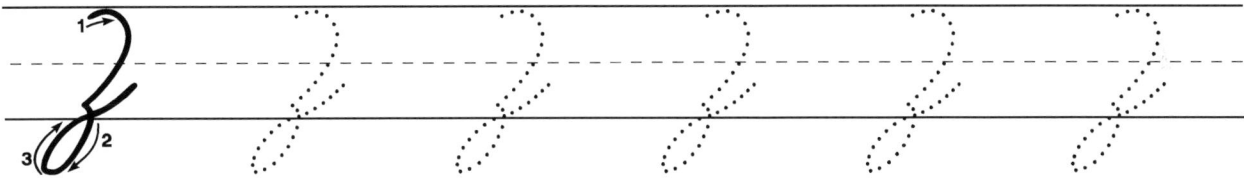

z

STEP 2
Let's
start writing
simple words.

Apple *Apple* *Apple*

act *act* *act*

Aa Bb Cc Dd Ee Ff Gg Hh Ii Jj Kk Ll Mm Nn Oo Pp Qq Rr Ss Tt Uu Vv Ww Xx Yy Zz

Bear Bear Bear

Bear Bear Bear

Bear Bear Bear

bake bake bake

bake bake bake

bake bake bake

Aa Bb Cc Dd Ee Ff Gg Hh Ii Jj Kk Ll Mm Nn Oo Pp Qq Rr Ss Tt Uu Vv Ww Xx Yy Zz

Clock   Clock   Clock

Clock   Clock   Clock

Clock   Clock   Clock

call   call   call

call   call   call

Dog   *Dog*   *Dog*

Dog   *Dog*   *Dog*

Dog   *Dog*   *Dog*

dream   *dream*

dream   *dream*

dream   *dream*

East   East   East

East   East   East

East   East   East

eat   eat   eat

eat   eat   eat

eat   eat   eat

Aa Bb Cc Dd Ee Ff Gg Hh Ii Jj Kk Ll Mm Nn Oo Pp Qq Rr Ss Tt Uu Vv Ww Xx Yy Zz

Flow Flow Flow

Flow Flow Flow

Flow Flow Flow

feel feel feel

feel feel feel

feel feel feel

Guitar

gain

Aa Bb Cc Dd Ee Ff Gg Hh Ii Jj Kk Ll Mm Nn Oo Pp Qq Rr Ss Tt Uu Vv Ww Xx Yy Zz

Hello *Hello* *Hello*

Hello *Hello* *Hello*

Hello *Hello* *Hello*

help *help* *help*

help *help* *help*

help *help* *help*

Ice   *Ice*   *Ice*

Ice   *Ice*   *Ice*

Ice   *Ice*   *Ice*

iron   *iron*   *iron*

iron   *iron*   *iron*

iron   *iron*   *iron*

juice *juice* *juice*

juice *juice* *juice*

juice *juice* *juice*

join *join* *join*

join *join* *join*

join *join* *join*

Keys Keys Keys

Keys Keys

Keys Keys

keep keep keep

keep keep

keep keep

Lamp *Lamp*

Lamp *Lamp*

lift *lift* *lift*

milk *milk milk*

milk milk milk

milk milk milk

make *make make*

make make make

Net *Net* *Net*

Net *Net* *Net*

Net *Net* *Net*

need *need* *need*

need *need* *need*

need *need* *need*

Aa Bb Cc Dd Ee Ff Gg Hh Ii Jj Kk Ll Mm Nn Oo Pp Qq Rr Ss Tt Uu Vv Ww Xx Yy Zz

Orange Orange

Orange Orange

Orange Orange

open open open

open open open

open open open

Pearl *Pearl* *Pearl*

Pearl *Pearl* *Pearl*

Pearl *Pearl* *Pearl*

peel *peel* *peel*

peel *peel* *peel*

peel *peel* *peel*

Quail   Quail

Quail   Quail

Quail   Quail

quote   quote quote

quote quote quote

quote quote quote

Aa Bb Cc Dd Ee Ff Gg Hh Ii Jj Kk Ll Mm Nn Oo Pp Qq Rr Ss Tt Uu Vv Ww Xx Yy Zz

Rock   Rock   Rock

Rock   Rock   Rock

Rock   Rock   Rock

rain   rain   rain

rain   rain   rain

rain   rain   rain

Sun Sun Sun

Sun Sun Sun

Sun Sun Sun

sail sail sail

sail sail sail

sail sail sail

Aa Bb Cc Dd Ee Ff Gg Hh Ii Jj Kk Ll Mm Nn Oo Pp Qq Rr Ss Tt Uu Vv Ww Xx Yy Zz

Toy   Toy   Toy

Toy   Toy   Toy

Toy   Toy   Toy

take   take   take

take   take   take

Unicorn Unicorn

Unicorn Unicorn

Unicorn Unicorn

undo undo undo

undo undo undo

Aa Bb Cc Dd Ee Ff Gg Hh Ii Jj Kk Ll Mm Nn Oo Pp Qq Rr Ss Tt Uu Vv Ww Xx Yy Zz

Vase Vase Vase

Vase Vase Vase

Vase Vase Vase

value value value

value value value

value value value

Water Water Water

Water Water Water

Water Water Water

will will will

will will will

X-ray

unbox

Yarn   *Yarn*   *Yarn*

yell   *yell*   *yell*

Aa Bb Cc Dd Ee Ff Gg Hh Ii Jj Kk Ll Mm Nn Oo Pp Qq Rr Ss Tt Uu Vv Ww Xx Yy Zz

zero

zip

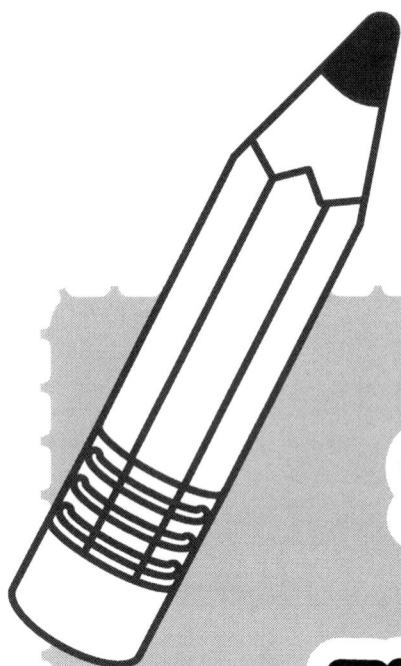

STEP 3

Fill up the lines by copying the sentences.

Preschool is a lot
of fun.

Preschool is a lot
of fun.

I learn a lot from
my teachers.

I learn a lot from
my teachers.

We sing and dance

each day.

We sing and dance

each day.

Today, we sang
the alphabet song.

Today, we sang
the alphabet song.

I learned my

ABCs and 123s.

I learned my

ABCs and 123s.

Miss Belle likes to

read us stories.

Miss Belle likes to

read us stories.

She shows us some
pictures too.
She shows us some
pictures too.

We often like to

watch cartoons.

We often like to

watch cartoons.

Sometimes, we put

on costumes.

Sometimes, we put

on costumes.

Pretend play is so
so much fun!

Pretend play is so
so much fun!

The weather is quite

lovely today.

The weather is quite

lovely today.

It is sunny and

breezy.

It is sunny and

breezy.

This is a good time
to play outside.
This is a good time
to play outside.

I want to play

hide-and-seek.

I want to play

hide-and-seek.

Jane is very good
at this game.

Jane is very good
at this game.

Michael knows
where to hide.

Michael knows
where to hide.

Charlie always gets

caught first.

Charlie always gets

caught first.

They are my best friends at school.

They are my best friends at school.

When it rains, we
stay inside.

When it rains, we
stay inside.

Miss Belle gives us

art materials.

Miss Belle gives us

art materials.

I am learning

how to mix colors.

I am learning

how to mix colors.

Mixing blue and
red makes purple.

Mixing blue and
red makes purple.

Mixing yellow and
red makes orange.

Mixing yellow and
red makes orange.

Mixing yellow and
blue makes green.
Mixing yellow and
blue makes green.

I like to draw

rainbows and trees.

I like to draw

rainbows and trees.

We wash our hands
and clean up after
every activity.

We wash our hands
and clean up after
every activity.

We say, "Goodbye!"
before going home.

We say, "Goodbye!"
before going home.

It is good to be

polite and kind.

It is good to be

polite and kind.

Always use, "please" and "thank you."

Always use, "please" and "thank you."

Copyright

Imprint / Impressum

Digital Front GmbH
Mergenthalerallee 73-75
65760 Eschborn
Deutschland (Germany)

E-Mail: info@digital-front.de

Representatives / Vertretungsberechtigte:
Alexander Mendelson, Leonid Ravin

Address / Anschrift:
Mergenthalerallee 73-75
65760 Eschborn
Deutschland (Germany)

Printed in Great Britain
by Amazon